Rundflug über das alte

WIESBADEN

Monika Freiling

Rundflug über das alte
WIESBADEN

Wartberg Verlag

In unserer Reihe „Bilder aus Wiesbaden“ sind bisher erschienen:

(1) Wiesbaden – wie es früher war
(2) Wiesbaden – Ein Stadtbild im Wandel
(3) Wiesbaden Hinterhof und Kurkonzert
(4) Wiesbaden – Ein Bildband in Farbe
(5) Wiesbaden auf den ersten Blick
(6) Rundflug über das alte Wiesbaden

Fotonachweis: Stadtarchiv Wiesbaden

1. Auflage 2000

Druck: Werbedruck GmbH Horst Schreckhase, Spangenberg
Buchbinderische Verarbeitung: Büge, Celle

34281 Gudensberg-Gleichen, Im Wiesental 1 • Tel.: 0 56 03/9 30 50
www.wartberg-verlag.de
ISBN 3-86134-942-6

VORWORT

Am Beginn eines jeden Bildbandes steht die Suche nach geeignetem Bildmaterial. Eine kompetente Hilfe und schier unerschöpfliche Quelle ist hier das Stadtarchiv Wiesbaden. Die Stadt Wiesbaden kann sich glücklich schätzen schon vor einigen Jahren den Wert eines Stadtarchivs erkannt zu haben, nicht nur für ihre eigene tägliche Verwaltungsarbeit, sondern auch für die kulturelle Bereicherung ihrer Bürgerinnen und Bürger. Ein zentraler Ort, an dem die Geschichte Wiesbadens auf vielfältige Art und Weise dokumentiert ist.
Luftbilder oder Schrägaufnahmen aus der Luft haben ihren besonderen Reiz. Es gibt auf ihnen immer eine Fülle von Details zu sehen, so daß sich der Betrachter mitunter wie ein Puzzlespieler fühlt, der immer wieder Neues entdeckt.

Aus der Fülle des Bildmaterials hätten sich viele Plätze und Straßenzüge in ihrer städtebaulichen Entwicklung vom Beginn der Befliegungen am Anfang der 30er Jahre bis heute dokumentieren lassen. Aber das hätte den Umfang dieses Buches verdreifacht, so daß ganz bewußt nur historische Aufnahmen aus den ersten Jahren der Befliegung und einige wenige Aufnahmen nach Kriegsende 1945 ausgewählt wurden.

Foto links: **Der Wiesbadener Hauptbahnhof.** Mit seinem Bau war bereits 1897 weit draußen vor den Toren der Stadt auf dem sogenannten Melonenberg begonnen worden. Die Bauarbeiten an den Gleisanlagen im Salzbachtal waren schwierig und kamen ins Stocken. Der damalige Wiesbadener Oberbürgermeister Carl von Ibell konnte im Jahre 1900 Kaiser Wilhelm II., der alljährlich anläßlich der Maifestspiele in Wiesbaden weilte, für die Idee eines neuen Hauptbahnhofes gewinnen, so daß die Bauarbeiten wieder aufgenommen wurden. Eine Anekdote besagt, daß Kaiser Wilhelm II. sogar selbst Hand an die Baupläne gelegt haben soll. 1906 war die feierliche Einweihung. Am rechten Bildrand ist der Mittelstreifen mit den drei Platanenreihen des Kaiser-Friedrich-Ringes zu sehen, der im Kaiserplatz vor dem neuen Hauptbahnhof endete. Unter den Platanen waren ein Reit- und ein Promenadenweg angelegt. Am oberen linken Bildrand steht an der Mainzer Straße noch das alte 1880 erbaute Hessische Staatsarchiv. In unmittelbarer Nähe wurde 1973 das neue Verwaltungsgebäude der Berlinische Leben erbaut. Nachdem das Hessische Hauptstaatsarchiv 1985 seinen Neubau an der Mosbacher Straße bezogen hatte, mußte das alte Staatsarchiv einem Anbau der Berlinische Leben weichen.

Foto oben: Der ehemalige Kaiser-Wilhelm- und heutige Gustav-Stresemann-Ring fehlt auf dieser Aufnahme noch gänzlich.

Die Gleisanlagen des Hauptbahnhofes enden in den Hallen der überdachten Bahnsteige. Rechts neben den Gleisen sind der Turm des 1894 erbauten und 1900 erweiterten ehemaligen Schlachthauses sowie der Viehhof zu erkennen. Ein Stück weiter darunter ist die Steinmühle mit ihrem Schornstein zu sehen.

Das Gaswerk an der Mainzer Straße. Der dritte „Teleskop Behälter" ist gerade noch im Bau. Von 1892–1947 wurde hier Gas erzeugt. Heute muß das Gelände an der Weidenbornstraße, das den Wiesbadener Stadtwerken (ESWE) gehört, wegen der in dieser Zeit angefallenen Teeröl-Rückstände aufwendig und kostspielig saniert werden. Daneben das 1898 in Betrieb genommene Elektrizitätswerk, das erst 1906 von der Stadt Wiesbaden übernommen werden konnte und bis 1952 in Betrieb war.

Foto links: Im Vordergrund die 1912 eingeweihte katholische **Dreifaltigkeitskirche**, dahinter die zwischen 1901–1905 nach Plänen von Stadtbaumeister Felix Genzmer erbaute Gutenbergschule, hinter dieser die 1911 eingeweihte Lutherkirche und links dahinter das zwischen 1903–1907 erbaute Landeshaus am Kaiser-Friedrich-Ring.

Foto oben: Von links nach rechts sind die **Oranien-, die Moritzstraße, die Adolfsallee und die Bahnhofstraße** (ehemalige Nicolasstraße) zu sehen. Diese werden gekreuzt von der Matthias-Claudius-Str. (ehemalige Goethestraße), der Albrecht-, der Adelheid- und der Rheinstraße. Gut zu erkennen ist das 1897 an der Gerichtsstraße erbaute Justizgebäude und heutige Amtsgericht, etwas weiter dahinter die 1913 von der Stadt Wiesbaden erbaute Landesbibliothek. An der Ecke Rheinstraße/ Schwalbacher Straße hatte bis 1909 die 1829 erbaute Artilleriekaserne gestanden.

WIESBADEN AIR FORCE COMMISSARY

Auf der **freien Fläche vor dem Hauptbahnhof** hatten sich einstmals die Gleisanlagen der drei früheren Wiesbadener Bahnhöfe befunden. Erst 1932 konnte durch die Stiftung Hugo Reisingers stadteinwärts ein Promenadenweg angelegt werden, der begleitet wird von einem Wasserkanal mit sprudelnden Fontänen. Promenadenweg und Wasserkanal werden von einem Quellbecken begrenzt, in dem die Plastik einer Quellnymphe des Bildhauers Arnold Hensler steht. 1934 konnte das grüne Entree der Stadt Wiesbaden durch die Stiftung des Wiesbadener Ehrenbürgers Adam Herbert erweitert werden. Hinzu kamen eine Gartenhalle und ein weiteres Wasserbecken, in dem sich die Skulptur der Europa mit dem Stier befindet. Auf der freien Fläche oberhalb des Quellbeckens hatte entlang der Kronprinzenstraße von 1847–1898 ein Gaswerk gestanden. Leider konnte nicht die gesamte Grünfläche bis zur Rheinstraße erhalten bleiben. Im oberen Teil wurde die Rhein-Main-Halle erbaut. Auf dem Gelände der damaligen Schrebergartenkolonie steht seit 1968 ein dreiflügeliges Hochhaus. Es war als Sitz des Wiesbadener Regierungpräsidenten gebaut worden, der Regierungsbezirk Wiesbaden wurde dann allerdings 1968 aufgelöst, so daß hier der Hessische Minister des Inneren einziehen konnte. Dahinter wurde 1980 das ehemalige amerikanische Steuben-Hotel in das Penta-Hotel umgebaut, welches jetzt als Dorint Hotel Pallas wieder umgebaut wird. Hinter dem Steuben-Hotel war 1960 der Sitz des Hessischen Ministers der Finanzen erbaut und somit die Baulücke bis zum Landesmuseum größtenteils geschlossen worden.

Foto links: **Der Kaiser-Friedrich-Ring.** Auf dem Terrain der kleinen Baracken befindet sich heute das 1975 eröffnete Gebäude der Hauptpost.

Foto oben: **Das ehemalige Opelhaus.**

Die ehemalige Kaiser-Allee und heutige Friedrich-Ebert-Allee. Rechts davon das Hessische Landesmuseum, 1913–1915 von der Stadt Wiesbaden auf dem Gelände des ehemaligen Hessischen Ludwigbahnhofs, der sich seit 1879 in der Villa Mons befand, erbaut. Auf der gegenüberliegenden Straßenseite hatte von 1839 bis 1907 der Taunusbahnhof und dahinter an der Rheinbahnstraße seit 1868 der Rheinbahnhof gestanden. Nach der Fertigstellung des Hauptbahnhofes 1906 wurden die Bahnhöfe und ihre Gleisanlagen nicht mehr benötigt. Ein Stück weiter hinter dem Landesmuseum schaut aus dichtem Grün die Englische Kirche hervor. Sie wurde nach Plänen von Theodor Goetz erbaut und 1865 eingeweiht. Der ebenfalls im neugotischen Stil erbaute Turm kam erst 1888 hinzu.

Foto links oben: Zwischen Tennisplätzen und Fußballplatz verläuft **die Kronprinzenstraße und mündet in die Friedrich-Ebert-Allee.** Dieses Gebiet wurde 1957 mit der Rhein-Main-Halle bebaut, die 1983 noch einen Anbau in Richtung Herbert-Reisinger-Anlagen erhielt.

Foto links: **Das Hessische Landesmuseum** sollte den berühmten Nassauischen Sammlungen eine Heimstatt bieten. Die Sammlungen und das Museum waren auf Anregungen von Goethe entstanden, der anläßlich seiner Kuraufenthalte 1814 und 1815 in Wiesbaden weilte. Sie hatten, was Unterbringung und Eigentumsverhältnisse anbelangt, schon eine längere Odyssee hinter sich. Erst 1899 war der Besitz der Sammlungen vom Preußischen Staat auf die Stadt Wiesbaden übergegangen, die sie dann 1973 wieder an das Land Hessen übergab. Während die Nassauische Kunstsammlung sich heute neuer und repräsentativer Räume innerhalb des Museums erfreuen kann, müssen die weitaus größeren Sammlungen der Nassauischen Altertümer und die Naturkundesammlung größtenteils in den Magazinen darben.

Foto oben: Das wunderbare **Haus-Ensemble an der Ecke Wilhelmstraße/Rheinstraße** war das frühere Victoria-Hotel. 1921 zog dort die Dresdner Bank ein. Leider wurden die Gebäude im Zweiten Weltkrieg zerstört und erst 1973–1978 durch einen Neubau für die Dresdner Bank ersetzt.

Auf einem Stadtplan von 1870 ist **der Bismarckplatz** schon angelegt. Das Bismarckdenkmal wurde allerdings erst 1898 an dieser Stelle eingeweiht. 1966 wurden der Platz und das Denkmal dem Verkehr geopfert und Bismarck wanderte samt Sockel ins Nerotal. Entlang der Wilhelmstraße bis zur Ecke Frankfurter Straße stehen heute nur noch vier Häuser aus dieser Zeit, darunter die Villa Clementine. Ebenfalls erhalten geblieben sind die Englische Kirche und das Haus davor. Das Victoria-Hotel war bereits im Zweiten Weltkrieg zerstört worden, alle anderen Häuser rund um den Bismarckplatz zwischen Wilhelm-, Rhein- und Mainzer Straße wurden ein Opfer der Spitzhacke. Gut zu erkennen sind die gewaltigen Dimensionen des 1842 erbauten Staatsministerium in der Luisenstraße/Ecke Bahnhofstraße. Ein Stück weiter ist die katholische Bonifatiuskirche zu sehen. Sie war zwar 1849 nach 6-jähriger Bauzeit eingeweiht worden, ihre Fassade wurde jedoch erst 1866 fertiggestellt.

Am rechten unteren Bildrand ist **ein Teil der sogenannten „City Ost“** zu sehen, die sich zwischen Mainzer Straße und Parkstraße östlich der Wilhelmstraße erstreckt. Die hier stehenden Villen in dem für Wiesbaden so typischen Landhausstil und sogar kleine Schlösser, wie das Solms-Schlößchen, sollten in den 60er Jahren dem Bau von Büro- und Geschäftshäusern im Hochhausstil weichen. Zum Glück sind diese Pläne nicht realisiert worden. Die vielen Bäume zwischen Wilhelmstraße und Theater stehen am „Warmen Damm“, einer Parkanlage, die 1860 entstanden ist und den Menschen damals wie heute zur Entspannung dient. Beim Ausblick auf das Taunus-Gebirge schaut der Betrachter auf den vorgelagerten Neroberg. Auf ihm steht das Neroberghotel, darunter das Opelbad und rechts davon die Griechische Kapelle.

Hier zunächst **der Marktplatz,** von Felix Genzmer 1902 neu gestaltet. Mit der Genzmer-Säule in der Mitte, die der Belüftung der Marktkeller dient, zu denen man über eine große Freitreppe gelangt. Ferner sind die Rückfronten des 1887 in Dienst gestellten Rathauses und der 1862 eingeweihten evangelischen Marktkirche zu sehen. Die „linke Herzkammer“ von Wiesbaden ist der Schloßplatz. An das 1840 fertiggestellte Stadtschloß mit der Rotunde schließt sich das rückwärtige Baugeviert von Reithalle und Marstall an. Die Reithalle mit ihrer sehenswerten Deckenkonstruktion mußte 1957 leider dem Neubau des Hessischen Landtags weichen. Das 1826 errichtete Kavaliershaus konnte 1838 vom Herzogtum Nassau erworben werden, und 1869 wurde daneben die Wilhelms-Heilanstalt eingeweiht. Sehr interessant ist die Bebauung entlang der Friedrichstraße zwischen Marktstraße und der De-Laspee-Straße. Von diesen Gebäuden wurden Ende der 80er Jahre die letzten Häuser in der De-Laspee-Straße abgerissen. Seitdem besteht großes Rätselraten, wie das sogenannte „Dernsche-Gelände“ gestaltet werden soll. Wenigstens sind wie damals schon mal ein paar Bäume gepflanzt worden.

Das neue Wiesbadener Rathaus, 1884–1887 nach Plänen von Prof. Dr. Georg Ritter von Hauberisser erbaut, wurde im Zweiten Weltkrieg auch stark zerstört. Der Wiederaufbau nach Plänen von Stadtbaurat Finsterwalder war 1951 vollbracht.

Eine Augenweide war das zwischen 1898 - 1901 nach Plänen von Felix Genzmer errichtete **Lyzeum oder auch Höhere Töchterschule**. Leider wurde dieses im Zweiten Weltkrieg zerstörte Gebäude nicht wieder aufgebaut. Dahinter steht noch die Herrnmühle. Am rechten unteren Bildrand ist ein Teil der üppigen Fassade des Rathauses im Stil der deutschen Hochrenaissance zu sehen.

Foto oben: Die „rechte Herzkammer“ von Wiesbaden schlägt im **Kurhausbezirk.** Das Kurhaus wurde 1907 anstelle des 1810 erbauten alten Kursaals in Anwesenheit von Kaiser Wilhelm II. eingeweiht. Es wird eingerahmt von der 1825 erbauten Kurhauskolonnade und der 1840 erbauten Neuen- und späteren Theaterkolonnade. 1825 wurden die Platanenreihen angelegt, auf der Wiese dazwischen, dem „Bowling Green“, wurden 1856 Wasser-Kaskaden installiert. Auf der gegenüberliegenden Seite wurde 1897 das Kaiser-Friedrich-Denkmal eingeweiht und der Platz nach ihm benannt. Erst 1866 war die Schillerbüste vom heutigen Schillerplatz hierher umgezogen. Der Platz wird auf der linken Seite vom Hotel Nassauer Hof und auf der rechten Seite vom Hotel Vier Jahreszeiten eingerahmt. Das Hotel Nassauer Hof konnte sich erst nach 1897 an seinem heutigen Standort ausbreiten, da bis dahin das alte, 1827 erbaute Theater entlang der Wilhelmstraße und mit dem Portal zum Kaiser-Friedrich-Platz gestanden hatte.

Foto rechts: 1812 hatte Bauinspektor Christian Zais sein privates Wohnhaus am ehemaligen **Sonnenberger Tor, dem heutigen Kaiser-Friedrich-Platz** bezogen. Dann hat er 1813–1817 das Erbprinzenpalais erbaut und danach 1816–1820 mit dem Bau des Hotels Vier Jahreszeiten entlang der Wilhelmstraße begonnen. Auf dem Foto sind nur noch die Reste der Sockelzone aus rustiziertem Sandsteinmauerwerk zu sehen. An dieser Stelle wurde 1958 das Appartementhaus Vier Jahreszeiten eröffnet und in einem zweiten Bauabschnitt 1964 auch die Stelle des ehemaligen Zais´schen Wohnhauses wieder bebaut.

Die Theater-Neubau-Frage erhitzte fast fünfzig Jahre lang die Gemüter der Wiesbadener Bürger. 1894 wurde nun das heutige **Theater am Warmen Damm** mit seiner Einbindung in die Kolonnaden eingeweiht. Diese Einbindung sorgt bei Besuchern oft für Verwirrung, so ist das wunderbare Portal mit der Zufahrt nur eine Schaufassade und dient als Bühneneingang, während der eigentliche Theatereingang versteckt in der Theaterkolonnade liegt. Auf der rechten Seite des Theaters in Richtung Kurhaus wurde von Felix Genzmer 1902 ein Foyer angebaut und auf der linken Seite in Richtung Wilhelmstraße kam 1953 der Anbau des Kleinen Hauses hinzu. 1978 wurde ein architektonischer Neubau an das wilhelminische Theater angehängt. Seit 1896 finden hier alljährlich die berühmten Maifestspiele statt. Das Schillerdenkmal wurde wie das Kaiser-Friedrich-Denkmal von dem Berliner Bildhauer Joseph Uphues geschaffen und 1905 dort vor dem Portal des Theaters eingeweiht.

Gleichzeitig mit dem Bau des Kursaals 1810 durch Christian Zais wurde auch der **Kursaalgarten** angelegt. Um den Rambach zu stauen und einen Weiher anlegen zu können, mußte das Gelände, auf dem später der Kursaal stehen sollte, um ca. 6 Meter aufgeschüttet werden. Die Fontäne im Kursaalweiher springt seit 1856.

Oberhalb des Kurhauses, wo sich Wilhelm-, Taunus- und Sonnenberger Straße treffen, befindet sich das sogenannte **Kureck.** Davor am Hang, entlang der Sonnenberger Straße gelegen, ist das **Paulinenschlößchen** zu sehen. An dieser Stelle hatte sich bis 1842 das Hagen´sche Palais befunden. Herzog Adolf von Nassau läßt hier 1845 den Witwensitz für seine Stiefmutter Herzogin Pauline und ihre Kinder bauen. Der Bau wird auf zwei Seiten von achtseitigen Eckpavillons eingefaßt. Als Nassau 1866 preußisch wird, verbleibt das Paulinenschlößchen im Besitz des Herzogs von Nassau. 1896 wird es an den Baron von Erlangen verkauft, der hier 1899 eine große Kolonial-Ausstellung abhalten läßt. 1900 erwirbt die Stadt Wiesbaden das Paulinenschlößchen mit dem übriggebliebenen Anwesen und richtet hier 1904–1907 ein Kurhausprovisorium ein. Danach werden die Räume noch für zahlreiche Tagungen und Kongresse genutzt. 1945 wird das Schlößchen bei einem Luftangriff bis auf die Außenmauern zerstört, so daß sich die Stadt 1955 für einen Abriß der Ruine entscheidet. Am rechten oberen Bildrand ist das Rot-Kreuz-Krankenhaus mit dem kleinen Turm auf dem Dach zu sehen.

Nach und nach werden die Schäden des Zweiten Weltkrieges beseitigt. Am **Kureck** fehlt noch das 1971 eingeweihte Hochhaus der Raiffeisen- und Volksbanken-Versicherung, das mit seinen neunzehn Stockwerken und 71 Metern Höhe eines der höchsten Bauwerke Wiesbadens ist. Und hinter dem wiederaufgebauten Hotel Nassauer Hof wurde erst 1982 der Weberhof an der Kreuzung von Langgasse und Webergasse fertiggestellt.

Der Kranzplatz mit dem Kochbrunnen, das Zentrum der Wiesbadener Heilquellen, wo schon die alten Kelten die aus einer Spalte des Taunuskammes quellenden heißen Wässer nutzten. Später kamen die Römer und badeten in den ersten Thermen an dem Ort, der „Aquae Mattiacae“ genannt wurde. Mannigfach wurde der Platz um den Kochbrunnen, der von Langgasse, Taunusstraße und Saalgasse eingerahmt wird, umgestaltet. 1890 wurde der Kochbrunnentempel von Wilhelm Bogler, der Trink- und Wandelhalle miteinander verband, fertiggestellt. Die Brunnenkolonnade entlang der Saalgasse, die als einzige heute noch existiert und 1949 für die Trinkkur wiedereröffnet wurde, und die Grünanlagen rundeten die großzügige Gesamtanlage ab. Gut zu erkennen ist das 1905 eingeweihte Palast-Hotel mit seiner konvex geschwungenen Jugendstil-Fassade. Daneben die Badhäuser Weißes Roß und Römerbad, die 1977 bei der Sanierung des Palasthotels durch einen Erweiterungsbau ersetzt wurden. Der Kochbrunnentempel wurde abgetragen und aus seinen Bauteilen wurde der heutige kleinere Pavillon über die neugefaßte Kochbrunnenquelle gestellt. Daneben wurde der „Kochbrunnenspringer“ aufgestellt.

Die evangelische Ringkirche wurde 1892–1894 erbaut. In der Klarenthaler Straße gegenüber dem Elsässer Platz wird gerade das Gemeindehaus der Ringkirche erbaut und 1928 fertiggestellt. Heute hat hier die Kirche der Stephanusgemeinde ihren Sitz.

Foto oben: **Die Rückfront der Ringkirche mit Blick in die Rheinstraße.**

Foto rechts: **Das Häusermeer von Wiesbaden.** Im Vordergrund die Wielandstraße/Ecke Kaiser-Friedrich-Ring.

Foto oben: **Die Walkmühle im Walkmühltal.**

Foto rechts oben: **Das Café Orient**, Unter den Eichen 1900 eröffnet, war 1964 so verfallen, daß es abgerissen werden mußte.

Foto rechts: **Das Gelände Unter den Eichen** diente als Volks-, Sport- und Turnierplatz. Französische und britische Besatzungstruppen unterhielten hier bis 1930 ein Pferdelazarett. Ab 1944 war hier ein KZ-Außenkommando des SS-Sonderlagers Hinzert untergebracht. Die Häftlinge stammten überwiegend aus Luxemburg und den Niederlanden. Sie mußten einen Luftschutzbunker bauen, der heute als Gedenkstätte an das KZ-Außenkommando Unter den Eichen erinnert. Seit dem Kriegsende haben sich hier überwiegend Medienbetriebe angesiedelt.

Foto links oben: **Die Johannes-Maaß-Grundschule** ist noch im Bau. Dahinter ist der „Alte Friedhof" an der Platter Straße zu sehen, der 1832 angelegt und 1973 entwidmet wurde. 1977 konnte hier ein Freizeitpark eröffnet werden.

Foto links: **Das Kloster Klarenthal** war 1298 von König Adolf von Nassau und seiner Gemahlin Imagina gestiftet worden. Von der eigentlichen Klosteranlage sind nur noch Fragmente in der im 18. Jahrhundert dort erbauten evangelischen Kapelle und dem angrenzenden Landgasthof Diedert zu sehen. Oberhalb des Klosters verläuft der Wellritzbach.

Am rechten Bildrand ist die Klarenthaler Straße zu sehen, von der die Lahnstraße abzweigt.

Foto oben: **Frauenstein**, im Vordergrund die Quellbornstraße. Die Burg ist 1243 erstmals sicher bezeugt und gehörte den Erzbischöfen von Mainz. Wiesbaden war im frühen Mittelalter Zankapfel zwischen dem deutschen König, den Erzbischöfen von Mainz, den Herren von Eppstein und den Grafen von Nassau. 1928 wurde Frauenstein nach Wiesbaden eingemeindet.

Foto oben: **Das Jagdschloß Platte**, an der Stelle eines älteren Jagdhauses entstanden, diente 1824 erstmalig einer Jagdgesellschaft Herzog Wilhelms von Nassau als Quartier. 1866 verblieb das Schloß im Besitz des Herzogs von Nassau und konnte erst 1913 von der Stadt Wiesbaden erworben werden. Leider durch Kriegseinwirkung bis auf die Grundmauern zerstört, konnte die Ruine 1989 gesichert werden. Bei einer Höhe von 500 Metern über NN hat man von hier oben einen herrlichen Ausblick in den Rheingau, nach Rheinhessen und in das Rhein-Main-Gebiet.

Foto links: **Die Griechische Kapelle oder Russische Kirche auf dem Neroberg.** 1855 von Philipp Hoffmann nach dem Vorbild russischer Kirchen erbaut, war sie in erster Linie als Grabkirche für die im Kindbett 1845 verstorbene erste Frau Herzog Adolfs von Nassau Elisabetha Michailowna, einer Nichte des Zaren Nikolaus I., gedacht. Für viele russische Kurgäste und Immigranten nach 1918 konnte hier ein russisch-orthodoxer Gottesdienst abgehalten werden. Neben der Kapelle gibt es ein Pfarrhaus und einen russischen Friedhof, auf dem z.B. Alexej Jawlensky (1864–1941) seine letzte Ruhestätte gefunden hat.

Foto rechts: **Das Neroberg-Hotel** wurde 1881 erbaut und ist in den folgenden Jahrzehnten mehrfach umgebaut und erweitert worden. Mit seinem markanten Aussichtsturm war es ein Wahrzeichen für Wiesbaden. 1986 wurde es ein Opfer von Brandstiftung. Darunter, in den Wiesbadener Weinbergen gelegen, das 1934 von Dr. Wilhelm Opel gestiftete Opelbad. Im Vordergrund die Nerotal-Anlage, deren eigentlicher Name „Herzogin-Elisabeth-Park" sich niemals richtig durchsetzen konnte.

Fotos links: Die um 1200 erbaute **Burg Sonnenberg** war die wichtigste Bastion der Grafen von Nassau in diesem Raum, die bis 1734 von Idstein und Usingen aus regierten. 1351 bekam Sonnenberg von Kaiser Karl IV. die Stadtrechte verliehen und somit auch das Recht, sich mit Gräben und Mauern zu befestigen. 1926 wurde Sonnenberg nach Wiesbaden eingemeindet.

Foto oben: Deutlich zu erkennen sind **die zwei Steinbrüche an der linken bzw. westlichen Talseite des Rambachtales**. Der nördliche Steinbruch, bereits auf Rambacher Gemarkung liegend, war bis in die 80er Jahre des 20. Jahrhunderts in Betrieb, während der südliche, zu Sonnenberg gehörige Bruch schon früher eingestellt wurde. Die beiden Steinbrüche lassen sich seit dem Beginn des 20. Jahrhunderts nachweisen. Vorher existierten dort mehrere kleine Gewinnungsstellen. Abgebaut wurde der sogenannte Sericitgneis, ein etwa 430 Millionen Jahre altes Gestein vulkanischen Ursprungs. Er wurde als Naturwerkstein gewonnen und vorzugsweise in rauhem Mauerwerk verarbeitet, beispielsweise in Grund-, Umfassungs- und Gartenmauern. In früheren Jahrhunderten wurde in Wiesbaden der Sericitgneis sehr geschätzt, da er leicht zu verarbeiten ist, eine angenehme grünliche Farbe aufweist und zudem ortsnah ansteht. Vor allem die Brüche von Sonnenberg und Dotzheim deckten den Wiesbadener Bedarf, und schon Johann Wolfgang von Goethe schrieb seiner Frau Christiane anno 1814, daß ein „unerschöpflicher Steinbruch von talkartigem Tonschiefer“ das Material zu den zahlreichen Bauten in Wiesbaden liefere.

Erbenheim wurde 1928 nach Wiesbaden eingemeindet. Im Vordergrund die alte Dorfkirche an der Wandersmannstraße, in der 1986 Europas einziges Museum für Fluxus-Kunst eingerichtet wurde. Heute dient sie auch dem Lachclub nach indischem Vorbild als Begegnungsstätte.

1910 wurde **die Galopprennbahn in Erbenheim** eröffnet. Sie sollte eine weitere Attraktion für die Kurstadt Wiesbaden sein, was ihr auch bis zum Ausbruch des Ersten Weltkrieges gelang. Selbst die französischen Besatzungstruppen hielten hier bis 1925 Rennen ab, die international besucht waren. Nach dem Abzug der Besatzungsmächte aus den Rheinlanden wurde der Platz seit 1930 zunächst für die zivile und später für die militärische Luftfahrt genutzt. Seit 1945 haben die amerikanischen Besatzungstruppen den Militärflughafen ausgebaut. Auch von hier sind 1948–1949 die „Rosinenbomber" in Richtung Berlin gestartet, um die Bevölkerung aus der Luft mit Lebensmitteln zu versorgen.

1909 wird auf dem Gelände einer ehemaligen Sandgrube für Mosbacher Sande auf Biebricher Gemarkung **das neue Verwaltungs- und Produktionsgebäude der Firma Henkell** errichtet. Die bereits bestehende Sohle der Sandgrube ermöglichte es der Firma Henkell, fünf Stockwerke tiefe Keller anlegen zu können. Auf der freien Fläche hinter dem Verwaltungsgebäude wurden bis 1977 umfangreiche Produktionsanlagen angebaut. Auf der gegenüberliegenden Seite der Biebricher Allee hatte sich ebenfalls eine Sandgrube befunden, die zeitgleich zur Richard-Wagner-Anlage umgestaltet wurde. In ihr konnte dann auch 1909 das Landesdenkmal eingeweiht werden, ein bronzenes Standbild des letzten nassauischen Herzogs Adolf (1817–1905) vor einem Obelisken. An der Henkellstraße stehen die ersten vier Häuser. Auf der freien Fläche am rechten Bildrand zieht sich seit 1962 der Rhein-Main-Schnellweg entlang, der Frankfurt mit dem Rheingau verbindet.

Vom ehemaligen Herzogsplatz kommend, führt **die Straße der Republik in Richtung Rhein**. In den großen Hallen waren von 1900–1955 die elektrischen Straßenbahnen der Süddeutschen Eisenbahn Gesellschaft und danach bis 1964 die Kraftfahrzeugprüfanlage untergebracht. Heute erhebt sich an dieser Stelle das Hochhaus der Galatea-Wohnanlage, benannt nach dem gleichnamigen Brunnen in der kleinen Grünanlage davor. Das große Backsteingebäude ist die Riehlschule, am linken oberen Bildrand ist die Kasteler Straße zu sehen, die entlang der Bahngleise verläuft. 1926 wurde Biebrich nach Wiesbaden eingemeindet.

Die Ingelheimer Aue. Auf der rechten Seite der Floßhafen und im Hintergrund die 1904 eingeweihte, 1945 gesprengte und 1955 wiederhergestellte Kaiserbrücke. Die Ingelheimer Aue gehört eigentlich zu Mainz, doch wurde hier 1931 das kommunale Kraftwerk Mainz-Wiesbaden gebaut, zu dem von 1956–1973 Europas größter Gasbehälter mit einer Höhe von ca. 123 Metern und einem Fassungsvermögen von 350.000 Kubikmetern gehörte. 1972 wurde die Versorgung auf Erdgas umgestellt und die Gaswerke hatten ausgedient.

Foto oben: In Biebrich am Rhein hatte sich 1863 **die Firma Kalle & Co.** etabliert, **die Chemischen Werke Albert (1858) und das Portland-Cement Werk der Firma Dyckerhoff (1864)** siedelten in unmittelbarer Nähe schon auf dem Gebiet von Amöneburg. Erst 1945 ging auf Anordnung der amerikanischen Militärregierung die Verwaltung der drei rechtsrheinischen Mainzer Vororte Amöneburg, Kastel und Kostheim an Wiesbaden über.

Foto rechts oben: Zwischen Biebricher Schloß und der 1905 eingeweihten evangelischen Oranier-Gedächtnis-Kirche liegt **die Biebricher Schiffsanlegestelle,** wo z.B. schon seit 1839 die Köln-Düsseldorfer-Dampfschiffe anlegen.

Foto rechts: **Das Biebricher Schloß.** 1702 war der westliche Pavillon errichtet worden. Kurze Zeit später wurde in einiger Entfernung der östliche Pavillon erbaut. In der Mitte zwischen den beiden Pavillons wurde 1707 mit dem Bau der Rotunde als Festsaal begonnen. Sie wurde zu beiden Seiten durch Galerien mit den Pavillons verbunden. 1734 wurde die Regierung von Usingen nach Wiesbaden verlegt. Das Schloß wurde durch den Anbau zweier Seitenflügel 1734 und 1740 erweitert und war 1744 bezugsfertig. Der im Zweiten Weltkrieg zerstörte Ostflügel wurde 1983 rekonstruiert. Auf der anderen Seite des Schlosses lag ein Barockgarten, den Friedrich Ludwig von Sckell ab 1813 in einen Landschaftspark umgestaltete.

Wiesbaden — Schierstein

Fotos diese Seite: **Die Rettbergsaue mit dem Schiersteiner und dem Biebricher Strandbad.**

Foto Seite 58/59: **Die „Wagner-Villa"** im Vordergrund. Wilhelm Frickhöfer, der Architekt der 1861 fertiggestellten Rheinkaserne, hatte hier zwischen Rhein und ehemaliger Schiersteiner Chaussee sein eigenes Domizil erbaut. Richard Wagner weilte hier 1862 ein Jahr lang als Untermieter in zwei Zimmern mit Balkon und arbeitete an seinen „Meistersingern". 1889 ging die Villa in den Besitz von Rudolf Dyckerhoff über.

Schierstein mit Hafen. Die evangelische Christophorus-Kirche mit ihren Rokokoformen stammt von 1754. Auf dem Schornstein am Hafen brüten heute noch die Störche. 1926 wurde Schierstein nach Wiesbaden eingemeindet.

Weitere Bücher aus dem Wartberg Verlag

Monika Reichartz
Wiesbaden – wie es früher war
72 S., geb., zahlr. historische Fotografien
(ISBN 3-86134-138-7)

Johannes Hahn und Margit Spiegel
Wiesbaden – Farbbildband
deutsch/englisch/französisch
72 S., geb., zahlreiche Farbfotografien
(ISBN 3-86134-595-1)

Monika Freiling
Wiesbaden – Ein Stadtbild im Wandel
Fotografien von gestern und heute
72 S., geb., S/w- und Farbfotos
(ISBN 3-86134-221-9)

Johannes Hahn und Margit Spiegel
Wiesbaden – Auf den ersten Blick
deutsch/englisch/französisch
32 S., geb., zahlreiche Farbfotos
(ISBN 3-86134-610-9)

Gerhard Hohenkamp (Hg.).
Wiesbaden –
Hinterhof und Kurkonzert
Ein Bilder- und Lesebuch zur
Stadtgeschichte
120 S., geb., zahlreiche Abb.
(ISBN 3-86134-350-9)

Wartberg Verlag GmbH & Co. KG
Im Wiesental 1 • 34281 Gudensberg-Gleichen
Tel.: 0 56 03/9 30 50 • Fax: 0 56 03/30 83 • www.wartberg-verlag.de